LA COCINA FAMILIAR

EN EL ESTADO DE

TABASCO

LA COCINA FAMILIAR

EN EL ESTADO DE

TABASCO

Tabasco

◢◣ CONACULTA   OCEANO

LA COCINA FAMILIAR
EN EL ESTADO DE TABASCO

Primera edición: 1988
Banco Nacional de Crédito Rural, S.N.C.
Realizada con la colaboración del Voluntariado Nacional
y de las Promotoras Voluntarias del Banco Nacional de
Crédito Rural, S.N.C.

Segunda edición: 2001
Editorial Océano de México, S.A. de C.V.

Producción:
Editorial Océano de México, S.A. de C.V.

© Consejo Nacional para la Cultura y las Artes

D.R. ©
Editorial Océano de México, S.A. de C.V.
Eugenio Sue 59
Col. Chapultepec Polanco, C.P. 11500
México, D.F.

ISBN
Océano: 970-651-502-X
                   970-651-450-3 (Obra completa)
CONACULTA: 970-18-6464-6
                   970-18-5544-2 (Obra completa)

Impreso y hecho en México.

LA COCINA FAMILIAR EN EL ESTADO DE

Tabasco

PRESENTACIÓN		9
INTRODUCCIÓN		11
RECETAS		

I. ANTOJITOS Y TAMALES

Empanaditas de chaya	14
Albondiguillas de chaya	
Rollos de chaya con migajas de chicharrón	
Chicharrón con plátano verde	15
Tacos de pejelagarto	
Tamalitos de maíz nuevo	
Tamalitos de frijol negro	16
Tamales de chaya	
Tamalitos rellenos de chipilín	
Tamalitos de pejelagarto	17
Maneas de cerdo	
Tamalitos de frijol con chicharrón y momo	
Mone de puerco	18
Mone de riñones	
Mone de seso	
Tamales de pavo	19
Chanchamitos en salsa de tomate	

II. CALDOS Y PUCHEROS

Puchero tabasqueño	22
Puchero de pescado	
Puchero vaquero	23
Menudo	
Sopa de plátano	
Pejelagarto en caldo	24
Crema de chaya	
Sopa de chaya y papa	
Spaghetti con chaya	25

III. MARISCOS Y PESCADOS

Acamaya con chile ancho	28
Chirmol de cangrejo	
Calabacitas con camarón	
Pescado sudado en hojas de momo	29
Pescado con hojas de momo y chipilín	
Pescado empapelado	
Pescado olmeca	30
Sierra con nopalitos	
Postas de robalo a la Malinche	
Pescado con perejil	31
Camarón en verde	
Pejelagarto en ensalada	
Pejelagarto en verde	32
Pejelagarto en chirmol	
Pejelagarto con plátano verde	
Bosto (Bosuto)	33
Pescado a la tabasqueña	

IV. AVES Y CARNES

Chirmole	36
Pato en pipián	
Huliche	
Picadillo de pavo	37
Carne polaca	
Butifarra	
Pibipollo	38
Iguana de estofado	
Pi	
Armadillo a la parrilla (Jueche)	39
Frijoles "pelones" con puerco	
Cerdo en adobo	
Tepezcuintle horneado	40
Costilla adobada	
Chanfaina	

Chirmole de carne de res   41
Chanchaque de res
Mondongo con garbanzos
Carne salada con chaya y plátano verde   42
Venado en adobo
Choco-lomo
Lomo en amarillo   43
Cuete en escabeche
Chirmol

V.   VERDURAS Y FRUTOS DEL HUERTO
Budín tabasqueño (Sisgua)   46
Budín de yuca
Torta de macal
Torta de elote   47
Torta de chayote
Chaya con verduras
Chaya en ensalada
Soufflé de chaya   48
Chaya con pimientos verdes
Chaya con calabaza
Yadra
Guiso de chayote   49
Hojuelas de plátano
Machuco de plátano verde
Plátano verde con chaya   50
Plátanos rellenos de chaya
Plátanos rellenos

V.   POSTRES
Chocolate de canela   52
Melcocha de plátano
Orejas de guayaba
Volteado de chaya y plátano   53
Dulce de calabaza a la tabasqueña
Dulce de coco con almendras
Dulce de chocolate   54
Dulce de leche
Dulce de zapote
Bolitas de yuca
Dulce de naranja agria rellena de
cafiruleta de coco   55
Toronjas en conserva
Pan de Tabasco   56
Panetela suprema
Panetela de leche
Torrejas de yuca   57
Chogoge de plátano macho o cuadrado

DE COCINA Y ALGO MÁS

Festividades   59
Nutrimentos y calorías   61
Equivalencias   62
Glosario   63

La Comida Familiar Mexicana fue un proyecto de 32 volúmenes que se gestó en la Unidad de Promoción Voluntaria del Banco de Crédito Rural entre 1985 y 1988. Sería imposible mencionar o agradecer aquí a todas las mujeres y hombres del país que contribuyeron con este programa, pero es necesario recordar por lo menos a dos: Patricia Buentello de Gamas y Guadalupe Pérez San Vicente. Esta última escribió en particular el volumen sobre la Ciudad de México como un ensayo teórico sobre la cocina mexicana. Los textos históricos y culinarios, que no las recetas recibidas, varias de ellas firmadas, fueron elaborados por un equipo profesional especialmente contratado para ello y que encabezó Roberto Suárez Argüello.

Posteriormente, hace ya más de seis años, BANRURAL traspasó los derechos de esta obra a favor de CONACULTA con el objeto de poder comercializar el remanente de libros de la primera edición, así como para que se hicieran nuevas ediciones de la misma. Esta ocasión llega ahora al unir esfuerzos CONACULTA con Editorial Océano. El proyecto actual está dirigido tanto a dotar a las bibliotecas públicas de este valioso material, como a su amplia comercialización a un costo accesible. Para ello se ha diseñado una nueva edición que por su carácter sobrio y sencillo ha debido prescindir de algunos anexos de la original, como el del calendario de los principales cultivos del campo mexicano. Se trata, sin duda, de un patrimonio cultural de generaciones que hoy entregamos a la presente al iniciarse el nuevo milenio.

LOS EDITORES

Encrucijada de migraciones desde los albores de la historia prehispánica, Tabasco está presente desde el siglo v antes de Cristo, con la cultura de La Venta y los enigmáticos olmecas. Los mayas, y los chontales después, se asentaron en las amplias y húmedas llanuras de aluvión que hoy forman parte del estado. Su nombre proviene, según la mayoría de los historiadores y antropólogos, del que llevaba el tlatoani o cacique de Potonchan.

Su historia, más que reproducir la división tradicional de la historia nacional, muestra singularidades y avances logrados en buena medida por obra de las fuertes personalidades nacidas en tierras tabasqueñas; tierras feraces, si bien pantanosas, selváticas, tropicales, en proporción mucho mayor que las tierras cultivables, que sus propios hombres han tenido que construir.

¿Quién no recuerda que por esas tierras pasó Hernán Cortés en su camino hacia las famosas Hibueras –hoy Centroamérica– llevando como rehén a Cuauhtémoc, el valeroso rey mexica? La crónica tabasqueña añade a este dato un desenlace singular: la tumba de Cuauhtémoc está en la pequeña iglesia de mampostería de Petenecté. Posteriormente, por esta oculta razón, recibió la humilde construcción regios regalos de Felipe II, como una gran cruz de plata maciza con guarniciones de oro, de más de dos metros de altura. En pleno porfiriato la tuvo en sus manos don Justo Sierra, a su regreso de Palenque.

Sorprendentes son muchas de las memorias locales que recopiló el erudito historiador tabasqueño, Justo Cecilio Santa Anna. Cabe mencionar, por ejemplo, la que habla de un verdadero Goliat chontal o las narraciones que describen las violentas rebeliones de castas y negros, las cuales, una vez que fueron descubiertas, terminaron en represión y desorejamientos infamantes. Historia y leyenda parecen entrelazarse: el trópico las hermana en medio de la vegetación lujuriosa y el calor de las tardes.

Sucede así con los recuerdos de las constantes y devastadoras incursiones de piratas de todos los mares. Tabasco, y las costas del Golfo de México, las sufrieron durante largos períodos. Terminaron estas crueles invasiones con la muerte y degollación de un feroz pirata antillano, Sentmanat, suceso que con humor negro la tradición convirtió en anécdota gastronómica. La testa del filibustero, frita en aceite, fue servida en una charola de plata en un banquete que las autoridades locales organizaron para celebrar la captura, tal como si fuese la suculenta receta española de la cabeza de cerdo.

Las guerras de Independencia y Reforma se conocieron apenas en éste, que otrora fue apartado lugar del territorio nacional y la Colonia parece haberse extendido hasta el porfiriato, con su cauda de terratenientes locales de origen español: los Romano, Berreteaga, Bulnes y Valenzuela, y con sus políticos como Simón Sarlat y el general Abraham Bandala. Economía agroexportadora, de altos costos sociales, que explotó las maderas finas y los frutos tropicales.

Los Mestre Gighliaza y los Pino Suárez son voceros del cambio que trajo consigo la Revolución de 1910. Ésta pasó desapercibida primero, pero después el territorio fue sede de hondos experimentos sociales como el que encabezó Tomás Garrido Canabal. Sin duda, Tabasco inició su verdadera modernización en la época posrevolucionaria con la ganadería intensiva, los cultivos tropicales de alto rendimiento y, años después, con el petróleo.

La cocina de Tabasco sigue, por su lado, un lento y amalgamador proceso evolutivo, desde sus primeros orígenes hasta la actualidad. Continuidad, más que cambio, caracterizan a su dieta básica, la cual se enriquece durante las fiestas tradicionales: civiles o religiosas.

Si los mercados son en alguna forma radiografías de una sociedad y la transparentan, en sus productos, en sus usos y costumbres –en especial los gastronómicos–, el mercado de Villahermosa, capital del estado, despliega además el libro de la historia ante nuestros ojos, con la carga emotiva de varios siglos, para comprobación de sus hechos.

Imagínese la impresionante oscuridad de las cuatro de la madrugada, rota por los hachones de ocote que guían el camino de las barcazas en el río Grijalva y los comerciantes que llegan por tierra. Como un ballet, por la sincronía de sus movimientos, el que llega, discierne su lugar, se asienta, despliega su estera y construye, casi en acto de creación, bodegones efímeros, de belleza sin cuento, con frutas brillantes como joyas, la verdura de las legumbres, la dócil gracia de las semillas, la singularísima cestería y cerámica, y el tabaco con sus ocres nunca igualados.

Aparecen las herbolarias, con su senda de sabiduría, y surge el cacao, desde los granos-moneda al chocolate, pulverizado, martajado en bolas para el chorote o los refrescos fríos, y en tablillas para la merienda caliente, en molienda de tres tantos iguales: cacao, almendra y azúcar. Propicio también para los guisos de los animales y aves de todas clases, para la sección de las colas de lagarto, el guau, el chiquiguero, el pejelagarto –frontera con los peces–, los robalos, los cangrejos y ¡las piguas! Nos envuelven aromas, brevario de selva, el chipilín, la chaya, el amashito, el usil, extraños, vivos e incitantes. Los guajes para cernir, colar, y las jícaras que permiten aspirar la fragancia de lo que se bebe, introduciéndose en ellas. Los tamales, planos, cuadrados, con el brillo de la hoja de plátano en pequeñas torres, celosas de sus rellenos, moles o salsas con el dulce toque de las pasas y las ciruelas.

Con sesenta por ciento de sus aguas en desbordamiento perenne, ríos, rías: caudales que necesitan domeñarse y atarse, sujetarse al control humano, tierra de ciénagas, quedó registrado por Melchor de Alfaro en el primer mapa de Tabasco en el lejanísimo año de 1579. Es territorio rico y capaz de todas las crianzas, desde el venado al armadillo, del puerco de monte al tepezcuintle, de los más finos bovinos de gran calidad para carne y productos lácteos al borrego peligüey, bautizado ya como Tabasco.

Afamado desde el siglo XVI, en dicho de Hernán Cortés y de Bernal Díaz, por sus huertas de cacao que inundaron de aroma y energías el Viejo Mundo, también es tierra de enigmas. Ahí, más que en otros lugares del país, se aprovechan y forman parte de la dieta los lagartos y otras especies cuyos nombres son reminiscencias de un pasado más antiguo que el del hombre, como el pejelagarto.

El agua, en 240 kilómetros de litoral, no sólo es azote, sino inmensa dote. Permite el cultivo de los bancos de camarones, de ostiones, los peces de escama, mojarra, robalo, el macabel y las cumbres sápidas, la topota, la pequeña sardina de red, la sierra y el cazón, cuya fama traspasa fronteras.

Las pirámides de piguas, el langostino que transportan las barcazas, son otros premios gastronómicos, disputados en ocasiones hasta por patos de buen paladar, en la celebrada red hidrológica del Grijalva-Usumacinta.

Tabasco posee, además, un buen sitio en la producción de aves: gansos, guajolotes, gallinas y palomas. Y tal vez todo ello, sin olvidar la calidad y monto de los cultivos, ayuda a entender por qué su pueblo participa imaginativamente en la exuberancia que lo envuelve, aromas, color, transpiración de la naturaleza, sol. Carlos Pellicer, poeta tabasqueño, pudo aprehender color y luz, brillo y olor del trópico, y darnos Tabasco en sus poemas.

Solo así, considerando tantas potencias y noticias, se explica mejor la riqueza de su cocina, su fantasía desbordada, sus sabores y aromas, de sol y de selva, de mar y huerta, y la prolijidad de su factura o la espartana sencillez indígena en la confección de otros platillos.

Hay que ser fuerte para aceptar la hospitalidad tabasqueña. La cantidad de los servicios, el número de las entradas, que uno declina de antemano y termina paladeando, desde las "morcillas" hasta las "orejas de mico", con los altos obligados del "robalo en momo" y el "tepezcuintle al horno". Afortunado mortal será aquél que invite el tabasqueño, por la tarde o noche, a saborear los "tamalitos de cola de lagarto", el "dulce de hicapaque" y el "chorote" o el "pozol", al que el señor de la casa habrá de dar el visto bueno. Perfecta cocina de integración, de fuerte sabor local, la cocina tabasqueña merece ser más conocida en todo el territorio nacional.

Antojitos[I] y Tamales

ANTOJITOS Y TAMALES

Chaya, plátano, chipilín, momo, achiote y chile amashito son los aromáticos sabores dominantes. Cerdo (pulpa, vísceras, chicharrón), pejelagarto, pavo, pollo y cola de lagarto son los rellenos básicos. La presentación también es variada y va de lo sencillo: tacos, empanaditas, albondiguillas, a lo festivo y elaborado: toda suerte de tamales. Estos últimos por su tamaño, forma o contenido reciben diversos nombres, aunque casi todos son de maíz tierno, jugosos, envueltos en hoja de plátano y se sirven con bastante salsa. Destacan los redondos chanchamitos, el mone y el platillo llamado maneas, pero todos son, básicamente, el tamal de nuestros antepasados donde el maíz es lo cotidiano y la carne o relleno, el lujo de la ocasión.

Por las hojas se conoce al tamal que es de manteca

Empanaditas de chaya

1 k   hoja de chaya
1 k   masa
1 k   cebolla
1/2 k   tomate
·   aceite, sal, pimienta y vinagre

- ❧ Cocer las hojas de chaya y cortarlas en pequeños trozos; picar cebolla y tomate.
- ❧ Freír las hojas, la cebolla y el tomate en aceite caliente.
- ❧ Hacer tortillas con la masa, rellenarlas con la chaya frita y freírlas.
- ❧ Servir con cebolla picada.
- ❧ Rinde 6 raciones.

Albondiguillas de chaya

3   tazas de arroz cocido
1/2 k   hojas de chaya
100 g   tocino
2   panecillos
2   huevos
1   cebolla chica
2   cucharadas de puré de tomate
·   aceite, hierbas de olor, sal y pimienta
·   consomé de pollo en polvo
·   perejil
·   queso rallado

- ❧ Lavar y cocer la chaya; picarla finamente y sofreírla en aceite con cebolla picada (apartar un poco de cebolla).
- ❧ Moler dos veces el tocino, los panecillos remojados en leche, un poco de cebolla y perejil; mezclar con huevo, queso rallado, puré de tomate y la chaya; sazonar y formar las albondiguillas.
- ❧ Hervir agua con un cubito de consomé en polvo, incorporar el arroz y las albondiguillas; dejar hervir durante diez minutos aproximadamente.
- ❧ Rinde 6 raciones.

Rollos de chaya con migajas de chicharrón

20   hojas de chaya
1 k   masa de harina de maíz
250 g   manteca de cerdo
250 g   migajas de chicharrón
6   huevos
·   sal, al gusto
·   hojas de plátano

- ❧ Pasar las hojas de chaya por agua caliente y picarlas.
- ❧ Mezclar la masa de harina de maíz con las hojas de chaya, la manteca de cerdo, las migajas de chicharrón y sal al gusto; amasar hasta que quede en su punto.
- ❧ Cocer los huevos, pelarlos y mezclarlos con la masa preparada; rellenar las hojas de plátano.
- ❧ Cocer los rollos como si fueran tamales; servir con salsa de tomate, cebolla y chile amashito.
- ❧ Rinde 6 raciones.

Chicharrón con plátano verde

1/4 k	chicharrón de cáscara
1/2 k	tomate rojo o jitomate
6	plátanos machos verdes
2	dientes de ajo
1	cucharada de aceite
1	cebolla
1	chile dulce
1	chile ancho
1	taza de agua

- ❦ Picar el ajo, el tomate (reservar uno), la cebolla y el chile dulce.
- ❦ Cortar los plátanos verdes en rajas y remojarlos en sal.
- ❦ Freír el chicharrón en pedazos junto con ajo, tomate, cebolla, chile dulce y plátano.
- ❦ Licuar el tomate que se reservó y el chile ancho; agregar a la preparación anterior con una taza de agua; dejar hervir y espesar.
- ❦ Rinde 6 raciones.

Tacos de pejelagarto

1	pejelagarto asado
1/2 k	cebolla
1/2 k	tomate
·	limón o naranja agria
·	cilantro
·	chile amashito
·	tortillas

- ❦ Desmenuzar la carne y freírla con tomate, cebolla y sal al gusto; hacer los tacos y servirlos con salsa.
- ❦ Para preparar la salsa, picar cebolla, cilantro y chile; agregar jugo de naranja agria o limón y sal.
- ❦ Rinde 8 raciones.

Tamalitos de maíz nuevo

20	mazorcas de maíz tierno
5	huevos
1/2 k	azúcar
1/4 k	mantequilla
1	cucharadita de sal
·	hojas de maíz

- ❦ Quitar las hojas de la mazorca y cortar con cuchillo los granos de maíz; moler a que quede fina la masa y agregar azúcar, huevos, mantequilla y sal; revolver bien.
- ❦ Hacer los tamalitos con las hojas de las mazorcas y cocerlos a vapor durante una hora.
- ❦ Rinde 6 raciones.

Tamalitos de frijol negro

1 k	masa
1 k	chicharrón molido
1/2 k	frijol negro espeso (guisado con cebolla, chile dulce y ajo)
1/2 k	manteca
·	hojas de plátano

❦ Batir la masa con agua a que quede una especie de atole espeso, colar; ponerlo a cocer y revolver constantemente para que no se pegue en el fondo de la olla.

❦ Incorporar el frijol y el chicharrón; hervir y espesar a fuego suave.

❦ Colocar pequeñas raciones de esa preparación en las hojas de plátano y envolver en forma de tamal; cocerlos a vapor durante una hora.

❦ Rinde 8 raciones.

Tamales de chaya

1 k	masa
1/4 k	chaya cocida y picada
·	queso rallado
·	leche
·	sal, al gusto
5	huevos cocidos y picados
·	aceite
·	tomates, cebolla y ajo
·	semillas de calabaza
·	queso molido

❦ Amasar los primeros cinco ingredientes y hacer una tortilla que se rellena con huevo cocido y picado; darle forma de tamal y freír.

❦ Preparar por separado salsa de tomate, cebolla y ajo; licuar y freír.

❦ Servir los tamalitos con salsa, semillas de calabaza y queso molido.

❦ Rinde 6 a 8 raciones.

Tamalitos rellenos de chipilín

1 k	carne de puerco
1 k	masa
1/4 k	manteca
150 g	hojas de chipilín
4	tomates
1	cebolla grande
1	manojo de cebollín
·	hojas de plátano

❦ Cocer la carne de puerco en un poco de agua; deshebrarla y freírla con tomate, cebollín y cebolla finamente picados.

❦ Verter la masa en el caldo que sobró junto con las hojas de chipilín, manteca y sal al gusto; poner en el fuego y, cuando se vea el fondo de la cazuela, agregar el sofrito de carne.

❦ Mezclar bien, colocar raciones en las hojas de plátano y envolver los tamales; cocer a vapor con sal al gusto.

❦ Servirlos con salsa de tomate.

❦ Rinde 8 raciones.

Tamalitos de pejelagarto

2 k	masa de maíz
1 k	pejelagarto (asado)
1 k	manteca
1/4 k	tomate
1	cebolla
1	chile güero
1	rama de epazote
·	aceite
·	hojas de plátano
·	sal, al gusto

❦ Desmenuzar el pejelagarto y quitarle las espinas.
❦ Acitronar la cebolla picada en aceite; agregar tomate, el pejelagarto desmenuzado, chile picado y epazote.
❦ Sazonar con sal al gusto y dejar resecar.
❦ Preparar por separado la pasta para los tamales: batir la masa de maíz con agua y manteca hasta lograr consistencia de atole; poner en el fuego y revolver, dejar hervir.
❦ Colocar en las hojas de plátano una cucharada de masa, guiso de pejelagarto y envolverlas.
❦ Cocer los tamales a vapor durante una hora.
❦ Rinde 8 raciones.

Maneas de cerdo

1 k	cabeza de cerdo cocida y picada
2 k	masa de maíz cocida
2	tomates picados
1/2	cebolla picada
3	dientes de ajo
1	chile picante
1	chile dulce
2	cucharaditas de comino
·	hojas de plátano
·	aceite

❦ Preparar salsa de tomate, cebolla, ajo, chile y comino.
❦ Freírla e incorporar la cabeza; mezclar con la masa.
❦ Colocar raciones de esta preparación en hojas de plátano; envolver y cocer los tamales a baño María.
❦ Rinde 8 a 10 raciones.

Tamalitos de frijol con chicharrón y momo

1 1/2 k	masa de maíz
1/2 k	frijol molido
1/2 k	manteca
100 g	chicharrón
·	sal, al gusto
·	hojas de momo y de plátano

❦ Moler los frijoles cocidos y mezclarlos con la masa, sal, manteca, el chicharrón partido en pedacitos y las hojas de momo picadas.
❦ Envolver los tamalitos en hojas de momo y luego en hojas de plátano y cocer a vapor.
❦ Rinde 8 raciones.

Mone de puerco

1 k	pulpa de cerdo
2	jitomates grandes
2	plátanos verdes
1	cebolla
1	chile blanco
3	hojas de momo
1	hoja de plátano
·	sal, al gusto
·	manteca

❦ Picar medianamente la carne de cerdo.
❦ Picar jitomate, cebolla, chile blanco y una hoja de momo; mezclar con la carne y un poco de manteca.
❦ Extender la hoja de momo sobre la hoja de plátano (bien lavadas), colocar encima la carne y los demás ingredientes; envolver como tamal y amarrar con un hilo de la misma hoja.
❦ Cocer en agua con un poco de sal durante hora y media; servir con plátano verde asado.
❦ Rinde 6 raciones.

Mone de riñones

1	riñón de res
1	seso de res
1/4 k	pulpa de cerdo
1	chile dulce
1/4	cebolla chica
1/4	chile blanco (güerito)
1	tomate
5	hojas de momo tiernas
1	manojo de cebollín
·	sal, al gusto

❦ Picar en crudo los riñones desflemados, los sesos y la pulpa de cerdo.
❦ Picar los demás ingredientes y mezclarlos con la carne, sazonar con sal; colocar en una hoja blanca de tó la preparación anterior.
❦ Envolver y cocer a baño María.
❦ Rinde 6 raciones.

Mone de seso

·	carne de res (igual proporción que la del seso)
2	tomates
1	seso de res
1	cebolla chica
1	chile picante (blanco)
2	hojas de momo o acuyo
1	hoja de plátano
·	sal, al gusto

❦ Picar en trocitos los sesos, la carne, el tomate, la cebolla y el chile; revolver.
❦ Hacer un tamal y envolverlo con hojas de plátano y de momo o acuyo.
❦ Cocer en un recipiente con medio litro de agua durante una hora (media hora en olla de presión).
❦ Rinde 4 raciones.

Tamales de pavo

1	pavo grande
1/2 k	masa de maíz
5	ajos
2	jitomates grandes
2	pimientos rojos
1	rama de epazote
·	achiote

Masa blanca

3 k	maíz
1 k	manteca de cerdo o aceite
8	litros de agua
·	hojas de plátano

❧ Limpiar el pavo y cortarlo en piezas; cocerlo en agua con ajo y sal; agregar los pimientos rojos, jitomate y epazote.

❧ Al suavizar la carne del pavo, incorporar la masa de maíz diluida en un poco de agua y darle color con el achiote.

❧ Dejar hervir cinco minutos más; revolver suavemente para que no se pegue y retirar del fuego.

❧ Para preparar la masa blanca, poner en el fuego una olla grande con suficiente agua y, al hervir, agregar el maíz, tapar y retirar.

❧ Al día siguiente lavar el maíz y molerlo; batir poco a poco la masa en los ocho litros de agua; colar en un cedazo grande para eliminar el hollejo y volver a colar en un lienzo delgado.

❧ Poner al fuego en una cazuela grande de barro y revolver constantemente para que no se pegue al espesar; agregar aceite o manteca de cerdo y sal (esta masa debe envolverse caliente).

❧ Poner en cada hoja de plátano dos cucharadas grandes de masa blanca y colocar el pavo guisado en el centro; envolver los tamales y cocerlos a vapor durante hora y media.

❧ Rinde 8 raciones.

Chanchamitos en salsa de tomate

1 1/2 k	pulpa de cerdo
1 k	masa de maíz
1/2 k	manteca de cerdo
1/2 k	tomates
3	dientes de ajo
1	cebolla chica
1	chile dulce chico
1	ramita de epazote
·	manteca
·	achiote
·	hojas de plátano
·	sal, al gusto

Salsa

1/2 k	tomates
1	cebolla morada
1/2	chile dulce verde
1/2	cucharada de manteca
·	sal, al gusto

❧ Cocer la pulpa de cerdo con sal y agua suficiente; colocarla en una sartén.

❧ Picar finamente los tomates, la cebolla, el ajo y el chile; agregarlos a la carne juntos con la ramita de epazote.

❧ Sofreír en manteca previamente calentada hasta resecar.

❧ Mezclar la masa, la manteca, los gorditos de la carne, un poco de caldo, achiote y sal.

❧ Colocar en un pedazo de hoja de plátano un poco de masa, la carne y amarrar los chanchamitos; cocerlos a vapor.

❧ Para preparar la salsa, licuar tomate, cebolla, chile y sal; calentar la manteca y agregar lo que se licuó; dejar hervir.

❧ Servir los chanchamitos con salsa.

❧ Rinde 6 raciones.

Caldos y Pucheros

CALDOS Y PUCHEROS

Como sucede con los antojitos y tamales, hay caldos y sopas que son sólo una parte de la comida y otros que, en la mejor tradición campesina universal, constituyen toda una comida en sí, como el puchero.

De origen europeo campesino, español para nuestra cultura, el puchero se ambientó al México indígena. Según algunos investigadores, este mundo desconocía las sopas calientes, los sustanciosos caldos y se quedaba con los caldillos, chirmoles y moles, todos de chile, como sustituto. De ser cierto, el clima tropical debió ser un obstáculo para el desarrollo de los reconfortantes potajes calientes a la europea.

De las siguientes recetas destaca el puchero tabasqueño que agrega el plátano verde, el macal y la yuca, como características propias de su particular huerto. La idea de un puchero de pescado también parece singular, como necesario resulta el puchero vaquero a base de carne salada, en la mejor tradición de un pueblo ganadero.

La sencillez del caldo regresa en Tabasco con sus omnipresentes aromas y sabores: plátano, chaya, chile dulce, achiote, etc., y para acabar hasta la sopa seca de pasta está representada en un "spaghetti con chaya" que quizá no había que tratar de enseñar a un italiano, pero que resulta bastante apetecible.

Sólo las ollas saben los hervores de su caldo

Puchero tabasqueño

1 k	retazo con hueso (chambarete, aguja, costilla, etc.)
2	elotes tiernos
2	papas medianas
2	plátanos bellacos maduros (machos)
2	tomates rojos
1	cabeza de ajo
1	calabaza madura
1	camote morado
1	cebolla grande
1	cebolla picada
1	chile dulce
1	chayote
1	macal
1	manojo de ejotes tiernos
1	yuca grande
·	cilantro, perejil y sal, al gusto

❦ Cocer la carne con sal, cebolla, ajo y los elotes pelados; agregar las demás verduras (evitar que se cuezan demasiado).

❦ Pelar el macal, la yuca y la papa antes de ponerlos a cocer.

❦ Preparar por separado salsa con tomate rojo, cebolla picada y chile dulce; incorporarla al puchero.

❦ Bajar el fuego y agregar cilantro y perejil.

❦ Rinde 6 raciones.

Puchero de pescado

1 k	pescado (en seis filetes, más la cabeza, espinazo y piel)
6	papas
4	hojas de chaya
3	dientes de ajo
3	zanahorias
3	calabacitas
2	elotes
1	cebolla mediana
1	chayote
1	repollo (col)
1	manojo de cilantro
1	tomate
1/2	hojita de laurel
·	sal, al gusto

❦ Hervir durante veinte minutos la cabeza, el espinazo y la piel con ocho tazas de agua y una cucharadita de sal; colar.

❦ Dorar en dos cucharadas soperas de aceite tres dientes de ajo, añadir un tomate molido y colado y dejar sazonar de dos a tres minutos.

❦ Incorporar al caldo papas medianas con cáscara, zanahorias y calabacitas cortadas a lo largo, chayote en tres trozos, cebolla, un trozo de repollo, un manojo de cilantro, elotes (en trozos), hojas de chaya y laurel; dejar cocer suavemente.

❦ Diez minutos antes de servir, agregar el pescado y bajar el fuego.

❦ Servir con arroz blanco, chile verde, cebolla y cilantro picado.

❦ Rinde 6 raciones.

Puchero vaquero

1 k	carne salada
10	hojas de chaya
2	plátanos verdes
1	chile dulce verde
1	tomate maduro
1/4	cebolla
1/4	calabaza madura
·	perejil y cebollín

- ❧ Asar el chile, la cebolla y el tomate.
- ❧ Cocer la carne; agregar el plátano en rodajas, la calabaza en trozos y las hojas de chaya lavadas; dejar cocer.
- ❧ Añadir chile, cebolla y tomate (asados), perejil y cebollín.
- ❧ Rinde 6 raciones.

Menudo

1/4 k	bazo de cerdo
1/4 k	corazón de cerdo
1/4 k	hígado de cerdo
1/4 k	riñones limpios
1/2 k	tomate
1 1/4	cebolla
1	cabeza de ajo
1	chile dulce blanco
1	chile pimiento verde
1	clavo
·	aceite
·	achiote
·	caldo
·	canela en raja
·	orégano
·	pimienta gorda (Tabasco)
·	venas de corazón de cerdo

- ❧ Cocer todos los ingredientes de cerdo, 1/4 de cebolla, 1/2 cabeza de ajo y pimienta gorda.
- ❧ Retirar de la lumbre; extraer las piezas de cerdo y picarlas finamente.
- ❧ Picar una pieza de cebolla, 1/2 k de tomate, 1/2 cabeza de ajo, chile dulce, chile blanco y chile pimiento verde.
- ❧ Freír en aceite caliente las piezas de cerdo picadas, cebolla, tomate, ajo, chile dulce, chile blanco, chile pimiento verde, achiote, orégano, un clavo machacado y canela en raja; agregar un poco de caldo; hervir.
- ❧ Rinde 6 raciones.

Sopa de plátano

4	plátanos verdes
2	rebanadas de cebolla
1	cucharadita de limón
1 1/2	litro de caldo
·	recado (recaudo)
·	achiote

- ❧ Cocer, moler y batir los plátanos verdes en el caldo; colar.
- ❧ Moler el recado (recaudo), sofreír con cebolla y achiote; retirar la cebolla, incorporar el plátano y el recado sofrito y revolver bien.
- ❧ Añadir una cucharadita de limón y sal y dejar hervir a fuego lento; revolver constantemente.
- ❧ Rinde 6 raciones.

Pejelagarto en caldo

1	pejelagarto grande
2	dientes de ajo
2	plátanos verdes
1	cebolla
1	chile dulce
1	naranja agria
1	tomate
·	orégano, cilantro, achiote
·	sal y aceite

- ❧ Lavar bien el pescado con la naranja, pelarlo y cortarlo en trozos.
- ❧ Cocer los plátanos pelados y cortados en trozos; agregar el pescado, un tomate frito en aceite con ajo, cebolla, chile dulce, achiote, orégano y cilantro.
- ❧ Dejar cocer a fuego lento.
- ❧ Rinde 8 raciones.

Crema de chaya

1/2 k	hojas de chaya
1/4	lata de leche evaporada
1/2	cebolla
1 1/2	litros de agua
3	cucharadas de mantequilla
·	sal y pimienta, al gusto

- ❧ Lavar y cocer las hojas de chaya; colar y sofreír en mantequilla junto con cebolla picada.
- ❧ Agregar el agua y dejar hervir durante veinte minutos; añadir la leche sin dejar que hierva.
- ❧ Servir con trocitos de pan frito en mantequilla.
- ❧ Rinde 6 raciones.

Sopa de chaya y papa

1 k	papas
50 g	mantequilla
50	hojas de chaya
2	litros de agua

- ❧ Cocer y pelar las papas; cocer las hojas de chaya.
- ❧ Licuar la papa y la chaya en el agua en que se cocieron.
- ❧ Dejar hervir unos minutos.
- ❧ Rinde 8 raciones.

Spaghetti con chaya

1/4 k   spaghetti
1/2 k   hojas de chaya
1/4   litro de crema
100 g   queso
1   lata de pimientos morrones
        verdes
·   mantequilla, sal y pimienta

❦ Cocer el spaghetti en agua hirviendo con sal, aceite y un pedacito de cebolla; escurrir.

❦ Limpiar y lavar la chaya y cocerla en agua caliente con sal; escurrir y licuar con crema, queso y los pimientos; agregar al spaghetti y revolver bien.

❦ Colocar el spaghetti en un refractario engrasado con mantequilla; añadir queso rallado y trocitos de mantequilla.

❦ Meter al horno a dorar ligeramente.

❦ Rinde 6 raciones.

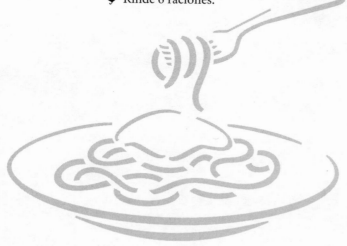

Mariscos y Pescados

MARISCOS Y PESCADOS

La geografía tabasqueña irrumpe en esta sección de productos acuáticos. El territorio del estado colinda al norte con las aguas del Golfo de México, está cruzado por ríos caudalosos (Usumacinta, Grijalva) y más de la mitad de su superficie está cubierta por ríos, lagunas y pantanos extensos. La cocina de Tabasco resulta, pues, rica en platillos a base de mariscos, pescados y lagarto. Más allá del relleno de algunos tamales, destacan aquí los chirmoles de fuerte reminiscencia prehispánica, en los cuales el chile invade voluptuosamente a pescados como el pejelagarto –típico del estado y que se sirve tatemado– aunque no es ajeno a otras especies como la sierra, la mojarra o el fino robalo. Este último suele partirse en lajas o postas pero también se cocina entero, envuelto en las hojas del omnipresente y aromático plátano (hoja de to).

En la confluencia del río con el mar, aparece la acamaya, especie de camarón de sabor penetrante, que abunda también en Veracruz y Campeche.

A continuación copiamos del *Recetario mexicano del maíz* una receta del caimán: "En Tabasco, hacen tamales. Se prepara una salsa de tomate sazonada con achiote y se mezcla con la cola (del lagarto, que es lo único que se come) picada. Aparte, se bate un kilo de maza de maíz en poca agua y se cuela con un paño agregándole sal, luego se coloca en la lumbre sin dejar de mover y se le añade medio kilo de manteca, hasta que espese. Cuando empieza a hervir se retira de la lumbre. Para envolver se usan hojas de plátano a las que se les quita la nervadura central, se cortan en cuadros y se asan ligeramente para poder doblarlas."

Agua de Tabasco vengo
y agua de Tabasco voy.
De agua hermosa es mi abolengo;
y es por eso que aquí estoy
dichoso con lo que tengo.

CARLOS PELLICER

Acamaya con chile ancho

4	acamayas medianas
2	vasos de jugo de limón
5	chiles anchos
·	sal, pimienta y ajo, al gusto
·	aceite

❦ Partir las acamayas a la mitad, extraer la bolsita negra, lavarlas muy bien y bañarlas con un vaso de jugo de limón; dejarlas reposar.

❦ Soasar los chiles, lavarlos y licuarlos con el jugo de limón restante, sal, pimienta y ajo; cubrir con esta preparación las acamayas y sofreírlas en una sartén.

❦ Servir con ensalada de legumbres.

❦ Rinde 8 raciones.

Chirmol de cangrejo

3	tortillas tostadas
1	cabeza de ajo asada
1	cebolla asada
3	chiles anchos asados
1/4 k	pepita de calabaza
1/4 k	tomate asado y molido
·	achiote
1	rama de epazote
·	cangrejos, al gusto

❦ Cocer los cangrejos a vapor; dejarlos enfriar y extraer la carne (limpiar muy bien las patas).

❦ Licuar tortillas, ajo, cebolla, chiles, tomate y achiote.

❦ Freír la pepita en la cazuela del guiso; verter la preparación licuada y dejar sazonar; agregar la carne del cangrejo y hervir un rato más.

❦ Rinde 6 raciones.

Calabacitas con camarón

1 k	calabacita mediana (tierna)
500 g	camarón seco (limpio)
3	tomates
1	cebolla chica
1	chile
4	cucharadas de aceite o manteca
·	sal, al gusto

❦ Pelar las calabacitas; quitarles las semillas y cortarlas en trocitos.

❦ Remojar el camarón limpio en agua tibia durante dos minutos.

❦ Rebanar tomate, cebolla y chile.

❦ Mezclar las calabacitas, los camarones, tomate, cebolla, chile, aceite o manteca y sal; cocinar durante veinte minutos.

❦ Rinde 6 a 8 raciones.

Pescado sudado en hojas de momo o hierbasanta

1 k	mojarra
1	tomate
2	hojitas de laurel
1	cebolla
1	chile
2	cucharadas de aceite
·	hojas de chipitín
·	hojas de momo o hierbasanta
·	sal, pimienta y orégano

❤ Condimentar el pescado con pimienta, orégano y sal; agregar tomate, chile dulce y cebolla (todo en rajas), hojas de chipilín picadas y dos cucharaditas de aceite.
❤ Colocar sobre las hojas de momo o hierbasanta y envolver.
❤ Hornear a fuego lento hasta cocerse completamente.
❤ Rinde 8 raciones.

Pescado con hojas de momo y chipilín

1 k	pescado en postas
2	tomates
2	hojitas de laurel
1	chile dulce (verde)
1	cebolla
·	hojas de chipitín
·	hojas de momo o hierbasanta
·	sal, pimienta y orégano

❤ Freír tomate, cebolla y chile dulce en aceite.
❤ Verter la preparación anterior en una olla junto con el pescado y tres tazas de agua (cocer bien el pescado).
❤ Agregar las especias (laurel, orégano y pimienta), hojas de momo o hierbasanta y hojas de chipilín.
❤ Rinde 8 raciones.

Pescado empapelado

6	mojarras medianas
6	dientes de ajo
6	hojas de acuyo
	papel aluminio
·	sal y pimienta
	Salsa verde
10	chiles verdes
1	diente de ajo
1	rebanada de cebolla
·	manteca

❤ Limpiar bien las mojarras; sazonarlas con sal y pimienta al gusto.
❤ Moler el ajo y untarlo a las mojarras; agregar la salsa y poner a cada mojarra una hoja de acuyo.
❤ Envolverlas en papel aluminio y hornearlas a temperatura baja.
❤ Para preparar la salsa, asar los chiles verdes y molerlos con ajo y una rebanada de cebolla; freír en un poco de manteca.
❤ Rinde 6 raciones.

Pescado olmeca

1 k	pescado en rebanadas
3	huevos
2	cebollas
1	lechuga romanita
1	pepino
3	cucharadas de vinagre
1	cucharada de perejil
·	jugo de limón
·	sal y pimienta, al gusto

❧ Lavar y limpiar bien el pescado; sazonar con sal, pimienta y jugo de limón; acomodar las rebanadas en una cacerola con aceite y colocar encima dos cebollas en rodajas.

❧ Dejar cocer a fuego lento; escurrir la grasa excedente y bañar con salsa.

❧ Para preparar la salsa, mezclar tres cucharadas de vinagre, pepino picado, una cucharada de perejil picado y aceite.

❧ Servir con hileras de huevo cocido rebanado y hojas de lechuga.

❧ Rinde 8 raciones.

Sierra con nopalitos

1/2 k	sierra seca
1 k	nopalitos
6	chiles guajillos
2	jitomates medianos
·	ajo, cebolla y sal, al gusto
·	cominos y epazote

❧ Lavar ligeramente la sierra para quitarle un poco de sal (no dejarla remojar para que no se despedace); partir en raciones.

❧ Limpiar y partir los nopales en cuadros pequeños y cocerlos con ajo, cebolla y sal.

❧ Licuar los chiles, jitomates, ajo y cebolla (previamente soasados y lavados) con un poco de agua y cominos.

❧ Freír lo anterior en un poco de aceite durante diez minutos para que sazone; agregar un poco de agua (debe quedar caldoso).

❧ Incorporar los nopales cocidos y colados a la sierra junto con una ramita de epazote; dejar hervir durante veinte minutos.

❧ Rinde 6 raciones.

Postas de robalo a la Malinche

1 k	postas de robalo grandes
2	limones
2	pimientos morrones
1 1/2	tomates
1	cebolla
·	aceite de oliva y salsa inglesa
·	mantequilla
·	pimienta de Castilla molida
·	papel aluminio
·	aceite

❧ Sazonar con sal y limón los trozos de robalo y freír sin dorarlos.

❧ Rebanar el tomate, el pimiento morrón y la cebolla; freírlos en mantequilla y aceite de oliva y sazonar con salsa inglesa y pimienta de Castilla molida.

❧ Colocar raciones individuales de robalo en papel aluminio, bañar con salsa y envolver.

❧ Meter al horno durante siete minutos.

❧ Rinde 6 raciones.

Pescado con perejil

2 k	robalo o huachinango
1/2	litro de aceite de cártamo
3	pimientas delgadas
1	limón
1	diente de ajo
1	manojo grande de perejil
1	rajita de canela
1	rebanada de pan de sal
·	sal y pimienta, al gusto

❦ Lavar el pescado y untarlo (por dentro y por fuera) con limón, sal y pimienta; colocarlo en una charola de horno y verter encima aceite; hornear a calor moderado y bañarlo a medio cocer con salsa.

❦ Para preparar la salsa, moler el perejil con el tallo, pimienta, ajo, canela y pan remojado en un poco de agua; freír.

❦ Meterlo de nuevo al horno para terminar de cocerse.

❦ Rinde 6 raciones.

Camarón en verde

1 k	camarón
1/2 k	masa
1/4 k	manteca
30	hojas de chaya
4	dientes de ajo
1	cebolla chica
·	hojitas de chipitín
·	sal, al gusto

❦ Lavar bien los camarones y ponerlos a cocer con el chipilín y sal.

❦ Licuar la chaya, ajo, cebolla; verter en la olla de cocción de los camarones.

❦ Aparte batir la masa con agua e incorporarla; por último, añadir manteca y dejar cocer.

❦ Servir acompañado de arroz.

❦ Rinde 8 raciones.

Pejelagarto en ensalada

1	pejelagarto (tamaño regular)
4	chiles serranos
3	naranjas agrias
2	tomates grandes
1	cebolla mediana
1	rama de cilantro
·	sal, al gusto

❦ Lavar el pejelagarto y asarlo en una parrilla; retirarlo de su concha y desmenuzarlo.

❦ Picar finamente tomates, cebolla, chiles, cilantro y agregar a la carne del pejelagarto junto con jugo de naranja y sal.

❦ Rinde 6 raciones.

Pejelagarto en verde

1 1/2 k	pejelagarto
1/4 k	masa de maíz
100 g	hojas de chipitín
100 g	hojas de chaya
50 g	hojas de chile amashito
5	dientes de ajo
1	cebolla mediana (morada)
1	chile verde dulce (pimiento morrón)
3	cucharadas de manteca de cerdo o aceite
·	agua
·	sal, al gusto

❧ Lavar bien el pejelagarto; cortar en pedazos y colocar en una cacerola.

❧ Licuar hojas de chipilín, de chaya, de chile amashito, el chile verde dulce (reservar una rebanada) y verter en la cacerola del pejelagarto; agregar agua suficiente y sal y cocerlo a fuego medio.

❧ Calentar manteca o aceite en una sartén y sofreír una rebanada de cebolla y una de chile dulce; agregar a la preparación anterior.

❧ Disolver la masa en un poco de agua y añadirla al guiso para espesar.

❧ No tapar la cacerola hasta que todo esté cocido para conservar el color verde de la preparación.

❧ Rinde 6 raciones.

Pejelagarto en chirmol

1	pejelagarto
1/4 k	semillas de calabaza
3	tortillas tostadas molidas
1	chile color
1	ramita de epazote
2	cucharadas de harina
·	achiote

❧ Preparar caldo y ponerle tortilla tostada molida, chile color, epazote y semillas de calabaza.

❧ Sofreír bastante achiote y agregarlo al caldo; espesar con un poco de harina e incorporar el pejelagarto asado y picado; deja hervir un rato.

❧ Rinde 8 raciones.

Pejelagarto con plátano verde

2 k	pejelagarto
1 k	plátano verde
2	tomates
1	chile dulce
1	cebolla
1	diente de ajo
1	rama de cilantro
·	aceite
·	sal, al gusto

❧ Licuar chile, tomate, cebolla y ajo; sofreír en poco aceite.

❧ Añadir un poco de agua y plátano rebanado; dejar cocer.

❧ Incorporar el pejelagarto en trozos (previamente pelado), sal y cilantro; dar un hervor.

❧ Rinde 6 a 8 raciones.

Tabasco

Bosto (Bosuto)

6	mojarras (casta rica o tenhuayaca)
1/2 k	tomate criollo
3	chiles blancos
1	cebolla morada
·	manteca de cerdo
·	hojas de chaya, de muestre y de chile amashito
·	ajo y sal, al gusto

- ❦ Aliñar las mojarras.
- ❦ Licuar todos los ingredientes.
- ❦ Rellenar las mojarras con la preparación anterior y agregar un poco de manteca de cerdo.
- ❦ Acomodar las mojarras en una olla, tapar y cocer a fuego lento.
- ❦ Rinde 6 raciones.

Pescado a la tabasqueña

1 k	filete de pescado en tiritas
1 k	tomate
2	huevos
2	limones
1	rebanada de cebolla
1	copa de vinagre (pequeña)
1	lata de pimientos morrones
1	lata chica de puré de tomate
·	aceite de oliva
·	harina
·	salsa inglesa
·	sal y pimienta, al gusto

- ❦ Curtir las tiras de filete de pescado en aceite, limón, sal y pimienta; dejarlas reposar un rato, escurrir y sumergirlas en huevo a medio batir; pasarlas por harina y enrollar cada tirita de pescado con la ayuda de una aceituna.
- ❦ Preparar salsa de tomate, pimientos morrones, cebolla y ajo (todo licuado); agregar puré de tomate, ron, vinagre y un chorrito de salsa inglesa; dejar sazonar.
- ❦ Bañar el pescado con la salsa y meterlo al horno a fuego lento (la salsa debe quedar un poco espesa).
- ❦ Rinde 8 raciones.

Aves y Carnes

AVES Y CARNES

IV

Tabasco es, actualmente, uno de los principales estados ganaderos de la república. Sus tierras de aluvión y su agua abundante favorecen tan importante producción. Con todo, en la cocina que podríamos llamar "típica", parecen seguir prevaleciendo las especies prehispánicas: pato, iguana, armadillo, tepezcuintle y venado; o las de la primera influencia española: pollo y puerco. Mas la carne de res, fresca o salada, ya sentó también sus reales en el recetario tabasqueño.

Como en los pescados, en el caso de la carne, blanca y roja, destaca como forma de preparación el chirmol, a base de pepita de calabaza, chile dulce, ancho o el local amashito. Las recetas verdaderamente singulares están representadas por la iguana, el armadillo (o juiche) y sobre todo por el tepezcuintle, roedor que habita las riberas de los ríos y que no hay que confundir con el perro prehispánico —escuintle—, hoy prácticamente desaparecido por completo de la cocina. El bello animalito es difícil de conseguir vivo, pero su carne fresca, en lonjas, está siempre presente en el mercado de Villahermosa, a donde lo llevan a vender los pescadores o campesinos ribereños que lo cazan a pedradas o con trampas.

El lector observará que suelen acompañar a estos platillos de aves y animalitos salvajes, los frutos característicos del huerto tabasqueño: chaya, plátano, frijoles, calabacitas y características hierbas de olor.

Las brisas limoneras
ruedan en el remanso de los ríos.
Y la iguana nostálgica de siglos
en los perfiles largos de su tiempo
fue, es, y será.

CARLOS PELLICER

Chirmole

1	gallina (o carne de res)
1/4 k	pepita de calabaza tostada y molida
1/4 k	tomate asado y molido
5	tortillas tostadas y molidas
3	chiles anchos asados
1	cabeza de ajo asada
1	cebolla asada
1	rama de epazote
·	aceite

- ❧ Cortar la gallina en piezas; asarlas y cocerlas.
- ❧ Moler todo junto: tortillas, cabeza de ajo, cebolla, tomates, chiles anchos y pepitas de calabaza.
- ❧ Freír bien y agregar el caldo de la carne; al hervir, añadir epazote y retirar del fuego.
- ❧ Rinde 6 raciones.

Pato en pipián

2	patos
2	litros de agua
300 g	pepita de calabaza
100 g	manteca
120 g	semilla de chile ancho
100 g	ajonjolí
10	chiles anchos
5	clavos
1	cabeza de ajo
1	raja de canela
·	sal, al gusto

- ❧ Limpiar los patos, quemarles las glándulas de grasa de la rabadilla y debajo de las alas con un fierro al rojo vivo; darles una ligera pasada sobre el fuego para quemar las plumas.
- ❧ Cocer en raciones en dos litros de agua.
- ❧ Dorar las pepitas de calabaza (sin quemarlas); escurrir y moler con la cáscara en seco.
- ❧ Moler el ajonjolí, las semillas de chile (previamente tostadas en un comal), los clavos, la canela y los ajos asados.
- ❧ Tostar ligeramente los chiles, desvenarlos y ponerlos en una taza con agua caliente; molerlos.
- ❧ Colocar todos los ingredientes en una cazuela al fuego; dejar hervir y, por último, incorporar las piezas de pato y dejarlas sazonar unos minutos más.
- ❧ Rinde 6 a 8 raciones.

Huliche

1	pava
1/4 k	arroz
2	chiles dulces
2	rebanadas de cebolla
1	diente de ajo
1	tomate sofrito
·	cilantro
·	sal, al gusto

- ❧ Sancochar la pava destazada; aparte sofreír tomate, cebolla, chile dulce y ajo, agregar al sancochado todavía en el fuego.
- ❧ Remojar el arroz, licuar y colar; agregar al caldo de la pava cuando ésta suavice, revolver constantemente para que no se pegue; esperar a que el arroz se cueza.
- ❧ Por último, añadir los macitos de cilantro y, después de unos minutos, retirarlos junto con los ajos.
- ❧ Rinde 8 raciones.

Picadillo de pavo

1	pavo
1 k	garbanzo
1 k	papa cocida
1/2 k	tomate
300 g	almendras
250 g	pasitas
20	pimientas negras
10	clavos
1	cabeza de ajo
1	cebolla mediana
2	cucharadas de orégano
1	cucharadita de canela
·	aceitunas
·	vinagre
·	sal, al gusto
·	aceite

- ❤ Limpiar el pavo y cocerlo con sal, ajo y un pedazo de cebolla, dejar enfriar; picar en trozos pequeños.
- ❤ Moler en metate los tomates, cebolla, ajo, pimienta, orégano, canela y clavo; freír y agregar un poco de caldo, verter en la olla del pavo.
- ❤ Añadir las almendras peladas, papas, garbanzos, aceitunas, pasitas (todo finamente picado) y un chorrito de vinagre.
- ❤ Dejar hervir hasta que se suavicen el garbanzo y la carne (debe quedar poco caldo).
- ❤ Servir caliente acompañado de arroz blanco.
- ❤ Rinde 8 a 10 raciones.

Carne polaca

2	pechugas de pollo deshebradas
1/2	cebolla rebanada
1/4	col finamente picada
3	jitomates rojos
2	pimientas
2	clavos
1	ajo picado
1	hoja de laurel
1	ramita de tomillo
1	taza de salsa catsup
1	lata chica de chiles chipotle
·	aceite
·	tostadas
·	sal, al gusto

- ❤ Dorar el pollo con la col y el ajo.
- ❤ Licuar jitomate, especias, chipotle e incorporar al pollo con la cebolla rebanada; sazonar con sal y dejar secar al fuego.
- ❤ Agregar la salsa catsup y dejar quince minutos a fuego lento.
- ❤ Servir con tostaditas.
- ❤ Rinde 6 raciones.

Butifarra

1 k	carne de puerco picada
1 k	carne de res picada
2	cucharadas de sal de nitro (para dar color)
·	sal y pimienta, al gusto
·	pimienta negra o de Castilla
·	una tripa
·	vinagre

- ❤ Mezclar la carne con sal de nitro, vinagre y pimienta; dejar macerar.
- ❤ Introducir en una tripa y ponerla a cocer en agua hirviendo; dejar enfriar y refigerar.
- ❤ Rinde 8 a 10 raciones.

Pibipollo

1	pollo chico
1 1/2 k	masa
3/4 k	manteca de cerdo
1/2 k	carne de cerdo
100 g	chile seco
·	hojas de plátano
·	sal, al gusto

- ❧ Hervir el pollo con poco caldo para que se concentre.
- ❧ Preparar masa con manteca, un poco de caldo y chile seco tostado y molido (la masa debe quedar manejable).
- ❧ Extender la mitad de la masa como si fuera una tortilla grande; colocar en el centro el pollo en presas y la carne de cerdo; encima poner la otra mitad de la masa (también en forma de tortilla).
- ❧ Cubrir con hojas de plátano y hornear durante hora y media (darle vuelta para que se tueste por ambos lados).
- ❧ Rinde 8 raciones.

Iguana de estofado

1 k	iguana cortada en trozos
1/2 k	papitas Cambray
100 g	almendras
50 g	pasitas
1/2	cebolla
3	dientes de ajo grande
3	hojas de laurel
3	pimientas grandes
2	pimientas negras chicas
1	clavo de olor
1	raja de canela
1	cucharada de vinagre
·	sal, al gusto
·	aceite
·	aceitunas y alcaparras

- ❧ Cocer la iguana con una cucharada de vinagre, sal y especias.
- ❧ Asar los tomates, pelarlos y molerlos con cebolla y ajo; freír e incorporar a la olla de cocción de la iguana.
- ❧ Añadir pasitas, almendras peladas y papitas Cambray (cocidas y peladas); hervir un momento, retirar del fuego y dejar tapada la olla.
- ❧ Agregar chiles jalapeños, serranos o largos, aceitunas y alcaparras.
- ❧ Rinde 6 raciones.

Pi

1 k	costillas de cerdo
1/2 k	tomates
3	naranjas agrias
3	tortillas
1	cebolla
5	clavos
·	achiote y ajo
·	hojas de ciruela con rama
·	pimienta gorda
·	sal, al gusto

- ❧ Lavar el puerco.
- ❧ Soasar los tomates, cebolla y ajo; tostar las tortillas, formar una pasta a la que se le agregan las pimientas y los clavos (molidos), las costillas de cerdo, jugo de naranja y achiote; mezclar y dejar reposar.
- ❧ Lavar las ramas de ciruela en una olla de barro.
- ❧ Hacer una camita con estas ramas; colocar encima las costillas de cerdo, cubrir con otra capa de ramas y de costillas.
- ❧ Cocer a fuego lento o al horno.
- ❧ Rinde 6 raciones.

Armadillo a la parrilla (Jueche)

1	armadillo (tamaño regular)
4	limones
3	cabezas de ajo
3	naranjas agrias
20 g	pimientas de Castilla
·	sal y comino, al gusto

- ❦ Moler en molcajete ajo, pimienta y sal; agregar jugo de limón y de naranja agria; reservar.
- ❦ Limpiar el armadillo o jueche y ponerlo a cocer con tres dientes de ajo durante treinta minutos (con su concha).
- ❦ Escurrirlo, darle ligeros golpes y retirarle la concha; untarle los ingredientes molidos con jugo de naranja y limón.
- ❦ Dejar curtir durante cuatro horas aproximadamente.
- ❦ Asarlo sobre una parrilla a fuego lento.
- ❦ Rinde 6 raciones.

Frijoles "pelones" con puerco

1/2 k	frijoles pelones (frijoles de la región)
1/2 k	puerco salado
3	jitomates
2	rajitas de canela
2	dientes de ajo
1	chile dulce
1	cebolla chica
·	orégano
·	rábanos y cebollas curtidas
·	aceite

- ❦ Limpiar, lavar y poner a cocer los frijoles en agua; al primer hervor, bajar el fuego y tirar el agua; agregar un litro de agua y ponerlos a cocer de nuevo.
- ❦ Lavar el puerco hasta eliminarle la sal; cortarlo en trozos pequeños e incorporarlo a los frijoles cocidos; cocer.
- ❦ Licuar los demás ingredientes, sofreír y añadir al puerco y los frijoles; retirar después del primer hervor.
- ❦ Servir con rábanos y cebolla curtidos.
- ❦ Rinde 6 raciones.

Cerdo en adobo

1 k	pulpa de cerdo
4	dientes de ajo
3	naranjas agrias (el jugo)
1	tablilla de achiote
1	cucharadita de comino
1	cucharadita de pimienta molida
·	aceite
·	sal y orégano, al gusto

- ❦ Moler en molcajete achiote, pimienta, ajo, comino y orégano; añadir jugo de naranja.
- ❦ Sofreír la pulpa de cerdo e incorporarla a la preparación anterior; dejar cocer.
- ❦ Rinde 6 raciones.

Tepezcuintle horneado

3 k	tepezcuintle
1/2 k	tomates
6	chiles de color
6	naranjas agrias
6	pimientas gordas
1	cabeza de ajo
1	cebolla chica
·	sal, al gusto

❦ Descuartizar y limpiar el tepezcuintle; colocarlo en un recipiente refractario.

❦ Licuar chile, cebolla, ajo, pimienta, tomates, jugo de naranja y sal.

❦ Cubrir el tepezcuintle con la preparacrión anterior.

❦ Tapar el recipiente con papel aluminio y hornear durante treinta minutos; destapar y dejar dorar.

❦ Rinde 12 raciones.

Costilla adobada

1 k	costillas de cerdo
100 g	pimienta gorda
2	naranjas agrias
1	cabeza de ajo chica
1	cebolla
1	clavo
·	orégano
·	sal, al gusto

❦ Curtir las costillas de cerdo con el jugo de dos naranjas agrias y sal; dejar reposar durante ocho horas.

❦ Revolver los demás ingredientes con el jugo donde reposó la carne; untar con esta preparación las costillas y dejar reposar hasta el día siguiente.

❦ Hornear y servir con una tortilla gruesa de maíz nuevo.

❦ Rinde 8 raciones.

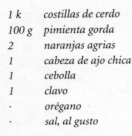

Chanfaina

·	vísceras de puerco (riñón, corazón, bazo, bofe e hígado, la mitad de cada uno)
1	tomate
1	chile dulce
1/2	cabeza de ajo
1/4	cebolla chica
4	pimientas de Castilla
2	pimientas gordas
2	papas partidas en cuadritos
1	naranja agria (el jugo)
1	hoja de laurel
1	clavo
1	chile blanco (opcional)

❦ Cocer la carne; escurrir y picar finamente.

❦ Licuar los demás ingredientes y freír en una olla grande; agregar el caldo de la carne y las papas en cuadritos.

❦ Tapar y dejar hervir (debe quedar un caldo espeso).

❦ Rinde 6 a 8 raciones.

Chirmole de carne de res

2 k   carne de res con hueso
1/4 k   semillas de calabaza
1/4 k   masa de maíz
2   chiles de color (anchos)
1   cebolla mediana
1   tomate rojo grande
2   ramas de epazote
·   ajo y cebolla
·   aceite

- ❦ Cocer la carne con agua, cebolla y ajo.
- ❦ Tostar las semillas de calabaza; freír el chile en aceite; asar la cebolla y el tomate y licuar junto con la masa de maíz.
- ❦ Agregar caldo de la carne; dejar hervir y, al retirar del fuego, añadir ramitas de epazote.
- ❦ Rinde 6 a 8 raciones.

Chanchaque de res

2 k   carne de res con hueso
      (principalmente cabeza)
50 g   cebollín
50 g   cilantro
50 g   perejil
1   cebolla mediana
1   chile dulce
3   dientes de ajo
5   pimientas de Castilla
·   sal, al gusto

- ❦ Colocar en una olla la carne con hueso bien picada.
- ❦ Picar cebollín, cilantro, perejil, cebolla, chile y ajo.
- ❦ Incorporar a la olla de cocción de la carne los ingredientes picados, pimienta, agua suficiente y sal.
- ❦ Dejar hervir hasta que la carne se suavice.
- ❦ Servir con ensalada de cilantro, cebolla, chile picante y limones.
- ❦ Rinde 6 raciones.

Mondongo con garbanzos

1 k   mondongo en trocitos
2   patitas de res limpias
1/4 k   garbanzos pelados
2   elotes pelados en trocitos
2   plátanos machos en rebanadas
2   tomates asados y pelados
1   cabeza de ajo asada
1   calabaza verde en trozos
1   cebolla asada
1   pimiento rojo asado (o chile dulce)
10   pimientas de Tabasco
5   pimientas chicas enteras
4   hojitas de orégano verde
·   sal, al gusto

- ❦ Lavar el mondongo y las patitas con naranja agria o limón; poner a cocer con agua suficiente y sal; añadir las verduras y el garbanzo, darle color con achiote y agregar el ajo entero.
- ❦ Licuar tomate, cebolla y chile dulce o pimiento rojo; colar y freír en aceite; verter en el mondongo junto con las pimientas enteras.
- ❦ Disolver un poco de masa de maíz en agua, colar y agregar al caldo; revolver para evitar que se formen grumos.
- ❦ Al final, añadir hojitas de orégano.
- ❦ Rinde 8 raciones.

Carne salada con chaya y plátano verde

1/2 k	carne salada
200 g	chaya
3	tomates
2	plátanos verdes
1	cebolla chica
1	chile dulce verde
1	naranja agria
·	aceite

❦ Desalar la carne en agua (cambiarla varias veces) y ponerla a cocer.
❦ Cocer las hojas de chaya y el plátano verde sin cáscara.
❦ Picar la carne cocida y dorarla; agregar tomate, chile dulce y cebolla (finamente picados), la chaya, el plátano verde picado y jugo de naranja.
❦ Dejar freír y reducir el fuego.
❦ Rinde 6 raciones.

Venado en adobo

2 k	carne de venado con hueso
50 g	achiote
20	pimientas gordas
10	dientes de ajo
1	cebolla chica
·	sal, al gusto
·	comino (opcional)

❦ Limpiar el venado y cortarlo en trozos.
❦ Licuar los ingredientes y agregarlos al venado.
❦ Poner a cocer a fuego medio (no debe quedar seco).
❦ Rinde 6 a 8 raciones.

Choco-lomo

1 k	carne de res en trocitos
1	corazón de res
1	riñón de res
20	pimientas de Castilla
2	ajos
1	cebolla morada
1	chile dulce
2	cucharaditas de vinagre
1	cucharadita de orégano
1	jitomate
·	sesos
	Salsa o salpicón
1	manojo de rábanos
·	cilantro y cebolla blanca
·	naranja agria o vinagre

❦ Hervir la carne con ajo, cebolla, chile dulce, jitomate, pimientas enteras y, al empezar a suavizar, agregar orégano molido en dos cucharadas de vinagre.
❦ Incorporar los sesos y dejar hervir un poco más (los sesos se ponen al final porque son blandos).
❦ Preparar la salsa o salpicón con los ingredientes finamente picados; servirla aparte.
❦ Rinde 8 raciones.

Lomo en amarillo

1 k	lomo de res
1/4 k	masa
150 g	ejotes
4	calabacitas
4	hojas de momo
4	jitomates
3	dientes de ajo
2	chayotes
2	chiles anchos
1/2	cebolla
·	sal y pimienta, al gusto

❧ Cocer la carne en trozos en agua hirviendo.
❧ Incorporar los chayotes rebanados, los ejotes cortados, las calabacitas partidas a la mitad y las hojas de momo partidas.
❧ Mezclar la masa con un poco de aceite y sal; hacer bolitas pequeñas y añadirlas a la carne.
❧ Cocer aparte los chiles anchos con un poco de sal y licuarlos con los jitomates, la cebolla y los ajos previamente asados; incorporar a la carne y dejar hervir un rato.
❧ Rinde 8 raciones.

Cuete en escabeche

1 1/2 k	cuete de res
3	cebollas grandes
2	dientes de ajo
1	hoja de laurel
1	cerveza
1	taza de aceite de oliva
1/2	taza de rajas de chiles jalapeños
3	zanahorias cocidas
1/2	taza de aceitunas
1/2	taza de alcaparras
·	sal y pimienta, al gusto

❧ Cocer el cuete con un trozo de cebolla, ajo, sal, laurel y cerveza; dejar enfriar y cortar en rebanadas delgadas.
❧ Freír en aceite de oliva la cebolla rebanada, rajas de chiles jalapeños, zanahorias rebanadas, aceitunas y alcaparras.
❧ Sazonar con vinagre, sal y pimienta.
❧ Colocar las rebanadas de carne en una fuente de cristal y cubrir con todos los ingredientes.
❧ Servir en frío con ensalada de aguacate o espárragos.
❧ Rinde 10 raciones.

Chirmol

2	canillas de res o de venado
40	semillas de calabaza tostadas
5	tortillas
5	dientes de ajo
2	tomates grandes
1	cebolla mediana
1	chile dulce
1	ramita de epazote
·	achiote
·	sal, al gusto

❧ Asar la canillas, cortarlas en pedazos y colocarlas en una olla.
❧ Licuar tortillas, epazote, tomates, cebolla, chile dulce, ajo, achiote y semillas de calabaza.
❧ Mezclar la preparación anterior con las canillas; agregar agua y sal.
❧ Cocinar a fuego alto durante quince minutos y después bajar la flama.
❧ Rinde 8 raciones.

Verduras y Frutos del Huerto

VERDURAS Y FRUTOS DEL HUERTO

A la exuberancia de la vegetación tabasqueña no corresponde, en principio, una rica dieta de verduras. Más bien son unas cuantas variedades las que se vuelven constantes en su cocina. Chaya, yuca, camote colorado, macal, calabaza (chigua) y chayote son las más conspicuas, aunque no faltan el pepino, la col, el rábano, el tomate, el frijol y el ejote. Sucede, en cambio, que la forma en que se cocinan o presentan las verduras tabasqueñas más comunes, sí ofrece variedad. Como sucede también con la rica gama de exóticas frutas tropicales que se cultivan: plátano, toronja, nance (nanche), naranja, zapote, mamey, guayaba, cacao, tamarindo, coco, ciruela, etc. El plátano se presenta en todas las variedades, entre las que predomina el roatán o tabasco y el jucón o macho y la hoja de to sirve, a la vez, para dar aroma y para envoltorio de alimentos de muchos tipos.

No faltan los chiles en el huerto tabasqueño. Las especies preferidas son el amashito o chilpaya y el chile "de color" (ancho). El primero, nos dice el sabio glosario de Arturo Lomelí, es una "variedad de chile piquín o tabasco, seguramente de dicha variedad surgió el Tabasco que se cultiva en Lousiana, E.U., para la famosa salsa". En cuanto al segundo, su propiedad singular es la de ser un poco picante y algo dulce.

Palmeras y tamarindos:
aquí los traje, y aquí los tengo.

CARLOS PELLICER

Budín tabasqueño (Sisgua)

20	elotes
5	huevos
1/4 k	manteca de cerdo
500 g	mantequilla
1/2 k	azúcar
1/4 k	queso añejo
1/2	litro de leche
·	papel encerado

♥ Extraer los granos de elote y licuarlos; agregar huevos, azúcar, queso, leche, manteca y mantequilla y mezclar bien.

♥ Forrar un molde con papel encerado; engrasarlo (con mantequilla o manteca), verter la preparación anterior y meter al horno (200° C) durante dos horas.

♥ Rinde 8 raciones.

Budín de yuca

250 g	yuca pelada y rallada
200 g	azúcar
100 g	mantequilla
75 g	azúcar
2	yemas de huevo
1/2	taza de leche
1	cucharadita de sal
2	cucharaditas de extracto de vainilla

♥ Batir la mantequilla hasta acremar; agregar azúcar, sal y las yemas de huevo una por una, sin dejar de batir; después añadir la yuca y la leche, mezclar bien; al final, incorporar la vainilla.

♥ Acaramelar un molde con azúcar (cubrir el fondo y las paredes); verter la mezcla preparada.

♥ Hornear a baño María durante una hora y quince minutos (250° C).

♥ Dejar enfriar y darlo vuelta sobre un plato extendido.

♥ Rinde 6 raciones.

Torta de macal

2 k	macal
500 g	mantequilla
1 1/2	tazas de nata
1	taza de azúcar
8	huevos
1	lata de leche evaporada
·	pasitas y canela

♥ Sofreír y moler el macal.

♥ Acremar la mantequilla, agregar azúcar, nata (poco a poco), los huevos uno por uno y la leche.

♥ Engrasar un recipiente refractario con mantequilla, verter la preparación anterior, añadir pasitas y canela; hornear.

♥ Rinde 8 raciones.

Torta de elote

6	elotes medianos
5	huevos
1	taza de mantequilla derretida
1	cucharadita de polvo para hornear
·	leche
·	mantequilla
·	azúcar

- ❦ Lavar y desgranar en crudo los elotes; licuarlos con un poco de leche (la indispensable para que se puedan licuar).
- ❦ Batir las claras de huevo a punto de turrón; agregar las yemas, endulzar con azúcar; añadir polvo para hornear y la mantequilla fría; revolver bien.
- ❦ Verter la mezcla en un recipiente refractario extendido previamente engrasado con mantequilla.
- ❦ Meter al horno caliente (350° C) hasta dorar y cocerce bien.
- ❦ Servir en frío o caliente.
- ❦ Rinde 6 raciones.

Torta de chayote

10	chayotes medianos
5	huevos
50 g	pasitas
2	tazas de azúcar
1	taza de manteca
2	cucharadas de mantequilla
·	sal, al gusto

- ❦ Cocer, pelar y desvenar los chayotes; amasar hasta formar una pasta manejable.
- ❦ Incorporar los demás ingredientes y revolver hasta que no haya grumos.
- ❦ Verter la masa en un molde engrasado y hornear a temperatura moderada durante veinte minutos (debe quedar dorado por encima).
- ❦ Rinde 8 raciones.

Chaya con verduras

1/2 k	chaya
1/2 k	zanahoria (o la verdura que se desee)
·	jugo de limón, sal y pimienta, al gusto

- ❦ Cocer la chaya y cortarla en tiras largas.
- ❦ Rebanar la zanahoria cocida; revolverla con la chaya y sazonar con limón, sal y pimienta.
- ❦ Rinde 6 raciones.

Chaya en ensalada

1 k	chaya
1/4	cebolla rebanada
·	sal, pimienta y limón, al gusto

- ❦ Cocer la chaya y cortarla a lo largo; agregar la cebolla en rebanadas.
- ❦ Sazonar con sal, pimienta y limón al gusto.
- ❦ Rinde 6 raciones.

Soufflé de chaya

1 k	chaya
50 g	mantequilla
3	huevos
2	zanahorias cocidas y picadas
3	cucharadas de cebolla picada
·	crema
·	sal y pimienta, al gusto

❦ Lavar, cocer y picar finamente la chaya; sofreír la cebolla en mantequilla, agregar la chaya y freír.

❦ Incorporar las yemas de huevo; batir las claras a punto de turrón y mezclar con movimientos envolventes con la preparación anterior.

❦ Verter la mezcla en un molde engrasado con mantequilla; cocer a baño María durante veinte minutos aproximadamente.

❦ Adornar con la crema y las verduras.

❦ Rinde 6 raciones.

Chaya con pimientos verdes

3	tazas de hojas de chaya cocidas
3	cucharadas de cebolla picada
3	cucharadas de pimientos verdes picados
1	cucharada de pimiento rojo picado
·	sal, pimienta y jugo de limón

❦ Freír los pimientos morrones y la cebolla; agregar la chaya picada, sal, pimienta y jugo de limón.

❦ Calentar todo muy bien.

❦ Rinde 6 raciones.

Chaya con calabaza

3/4 k	calabazas tiernas
1/2 k	hojas de chaya
3	tomates picados
1	cebolla picada
1	taza de elote tierno
·	sal, pimienta y chile

❦ Cocer y picar la chaya; freír junto con la calabaza, cebolla, tomate y el elote tierno durante treinta minutos aproximadamente, hasta que todo se cueza bien.

❦ Rinde 6 raciones.

Vadra

2	chiles jalapeños en rajas
1	cebolla picada
2	tazas de lentejas cocidas
1	taza de aceite de oliva
1	taza de arroz

❦ Acitronar la cebolla y las rajas de chile en aceite de oliva; escurrir.

❦ Dorar el arroz en aceite, agregar las lentejas y su caldo; dejar resecar.

❦ Incorporar la cebolla y los chiles jalapeños.

❦ Rinde 6 raciones.

Guiso de chayote

3	chayotes
1	chile
1	diente de ajo
1	tomate
1/2	cebolla
·	cilantro
·	aceite

❦ Lavar y pelar los chayotes y partirlos en cuadritos.
❦ En una sartén calentar aceite a fuego lento, agregar cebolla, ajo y tomate y el chayote picado.
❦ Tapar y dejar hervir hasta que se cueza; al final, añadir chile picado.
❦ Rinde 6 raciones.

Hojuelas de plátano

6	plátanos tiernos
1	huevo
1/4	barra de mantequilla o manteca
·	azúcar

❦ Cocer los plátanos, molerlos y añadir sal; amasar con un poco de manteca o mantequilla.
❦ Con la preparación anterior hacer unas tortillas de un dedo de espesor y cortarlas en cuadritos.
❦ Freírlas en manteca caliente y espolvorear azúcar.
❦ Rinde 6 raciones.

Machuco de plátano verde

6	plátanos machos verdes
5	cebollas
100 g	asientos de chicharrón
100 g	manteca de cerdo
·	chiles serranos y sal, al gusto

❦ Pelar y cocer los plátanos con un poco de sal; molerlos en metate hasta convertirlos en puré.
❦ Calentar manteca en una cacerola junto con asientos de chicharrón de cerdo; agregar la cebolla en rebanadas y los chiles en rodajas; dejar acitronar.
❦ Incorporar el plátano molido, sal y un poco de agua.
❦ Revolver, retirar del fuego y dejar reposar.
❦ Servir con frijoles de la olla y cecina frita.
❦ Rinde 6 raciones.

Plátano verde con chaya

1/2 k	costilla de puerco
4	plátanos verdes
3	tomates
1/4	cebolla
·	chaya
·	achiote

❧ Cocer la costilla de puerco; agregar la chaya y el plátano verde en rebanadas.

❧ Sofreír tomate, cebolla y achiote, incorporar a la preparación anterior y dejar hervir.

❧ Servir con arroz.

❧ Rinde 6 raciones.

Plátanos rellenos de chaya

3	plátanos cocidos
3	tazas de hojas de chaya
2	tomates
1	cebolla
·	sal y pimienta, al gusto

❧ Machacar los plátanos y amasarlos.

❧ Sofreír la chaya cocida con tomate y cebolla (todo picado).

❧ Hacer tortillas con la masa de plátano, rellenarlas con un poco de la preparación anterior y freírlas.

❧ Rinde 6 raciones.

Plátanos rellenos

6	plátanos medianos maduros
1/2 k	pulpa de res
1/4 k	pulpa de puerco
1/4 k	tomate
1	cebolla
1	chile dulce
·	pasitas, alcaparras y aceitunas

❧ Cocer la carne y picarla junto con los demás ingredientes y las aceitunas deshuesadas; freír (añadir un cucharón de caldo y un poco de manteca).

❧ Partir los plátanos en pedazos y ponerlos a cocer hasta reventar la cáscara; molerlos y formar una bola de masa.

❧ Tomar raciones y extenderlas en forma de tortillas pequeñas; rellenar, enrollar y doblar los extremos (para que no se salga el relleno).

❧ Freír a fuego bajo hasta dorar los rollitos (también se pueden rellenar de queso).

❧ Rinde 6 raciones.

De alguna manera, el recetario de postres tabasqueños es una extensión del de frutas y verduras. La tradición religiosa y virreinal, sin embargo, hace también acto de presencia al aprovechar la abundante producción láctea de gran calidad que genera su ganado.

Se trata, pues, no tanto de nuevas formas de preparación, como de la incorporación de los productos típicos a las recetas tradicionales: bolitas de yuca, torrejas de yuca, etc. Sin duda, una de las más apreciadas es la de las "Orejas de mico" en la cual se aprovecha la aromática y perecedera guayaba para hacerla en almíbar. Así se preparan también las toronjas y naranjas.

Varias son las recetas a base de plátano, como es de esperarse: melcocha de plátano, por ejemplo, pero también aparecen con frecuencia la yuca, la chaya y el coco, lo que acentúa los sabores locales y tradicionales.

Finalmente, vale la pena recordar al rico cacao que se convierte en bebida refrescante en el muy tabasqueño "chorote" preparado con maíz cocido y cacao tostado y molido y que se endulza al gusto. También de cacao es la receta que *Las senadoras suelen guisar* consigna como típica de Tabasco.

Tú eres más que mi lengua porque gustas
lo que en mi lengua llevo de ti sólo,
y así voy insensible a mis sabores
saboreando el deleite de los tuyos,
sólo sabor de ti.

CARLOS PELLICER

Chocolate de canela

1 k   cacao
3/4 k azúcar
1/2 k galletas "Marías"
100 g almendras
100 g canela
5   yemas de huevo

- ❤ Calentar el comal y pasar por él la canela, molerla hasta que quede en polvo; tostar y dorar el cacao, pelarlo y molerlo; pelar la almendra en agua caliente y dorarla también.
- ❤ Licuar las yemas de huevo, la almendra, el azúcar y las galletas; mezclar con el cacao molido y licuar de nuevo.
- ❤ Hacer las tablillas de chocolate bien macizas en un aro de lata; golpearlas para que se salgan del molde y colocarlas en una charola con harina (para que no se peguen).
- ❤ Rinde 6 raciones.

Melcocha de plátano

· plátanos maduros
· crema

- ❤ Pelar y machacar los plátanos maduros.
- ❤ Colocarlos en el fuego en una cazuela sin agua; revolver constantemente con una cuchara de madera hasta que queden como cajeta o melcocha.
- ❤ Servir con un poco de crema. (También es útil para endulzar atoles, licuados, masas y para rellenar empanadas.)
- ❤ Rinde 6 raciones.

Orejas de guayaba

1 k guayabas maduras
1 k azúcar
4   rajas de canela
3   hojas de higo
3   limones (el jugo)

- ❤ Lavar las guayabas, partirlas a la mitad y extraer las semillas; remojar en agua con jugo de limón para evitar que se oxiden.
- ❤ Para preparar el almíbar, hervir un litro de agua con canela en rajas y hojas de higo; incorporar azúcar y revolver hasta disolverla.
- ❤ Al hervir el almíbar, añadir las mitades de guayaba previamente escurridas; dejar en el fuego hasta alcanzar la consistencia deseada.
- ❤ Rinde 6 raciones.

Volteado de chaya y plátano

3	tazas de chaya cocida
2 1/2	tazas de azúcar
2	tazas de harina
1 1/2	tazas de mantequilla
8	ciruelas deshuesadas
5	huevos
2	plátanos machos
1	lata de leche evaporada
3	cucharaditas de polvo para hornear
·	vainilla

❦ Colocar un cuarto de taza de mantequilla en un molde; agregar una taza de azúcar, rebanadas de plátano y adornar con ciruelas.
❦ Batir una taza de mantequilla con azúcar; incorporar los huevos uno por uno.
❦ Cernir la harina con el polvo para hornear e incorporar a la preparación anterior junto con la leche evaporada licuada con la chaya cocida.
❦ Verter la mezcla en el molde preparado.
❦ Hornear a fuego lento durante una hora aproximadamente; dejar reposar durante cinco minutos y darlo vuelta en un platón.
❦ Rinde 8 raciones.

Dulce de calabaza a la tabasqueña

1/2	calabaza de Castilla (tamaño regular)
1	piloncillo negro
1	raja grande de canela
150 g	tejocotes

❦ Pelar la calabaza y cortarla en trozos; ponerla en una cazuela.
❦ Rodear el piloncillo con la raja de canela y colocarlo en la cazuela.
❦ Lavar los tejocotes y distribuirlos entre los trozos de calabaza.
❦ Tapar la cazuela y dejar cocer a fuego lento (no añadir agua).
❦ Revolver ligeramente de vez en cuando (cuidar que la calabaza no se desbarate).
❦ Servir con leche fría.
❦ Rinde 6 raciones.

Dulce de coco con almendras

1 k	coco
1 k	azúcar
1/2 k	almendras
1	lata de leche condensada

❦ Pelar el coco (quitarle la cubierta café); rallarlo y colocarlo en una sartén de aluminio.
❦ Incorporar el azúcar y las almendras con un poco de agua; poner en el fuego durante treinta minutos aproximadamente.
❦ Aañadir la leche condensada y revolver constantemente hasta obtener el punto deseado.
❦ Colocar el dulce en recipientes individuales y servirlo frío.
❦ Rinde 8 raciones.

Dulce de chocolate

3	litros de leche
1 1/2 k	azúcar
100 g	cacao en polvo
·	vainilla, al gusto

❦ Hervir leche, azúcar, cacao y vainilla; revolver constantemente hasta formar una pasta espesa.

❦ Extenderla en papel encerado y dejarla enfriar; cortar en pedazos.

❦ Rinde 6 raciones.

Dulce de leche

3	litros de leche
1 1/2 k	azúcar
·	canela en rajas

❦ Hervir leche, azúcar y canela; revolver constantemente hasta formar una pasta espesa.

❦ Extenderla en papel encerado y dejarla enfriar; cortar en pedazos.

❦ Rinde 6 raciones.

Dulce de zapote

4	zapotes medianos
1 k	azúcar
·	papel encerado

❦ Batir el zapote con azúcar, ponerlo en el fuego; revolver constantemente hasta formar una pasta espesa.

❦ Extenderla en papel encerado y cortarla en pedazos; dejar enfriar.

❦ Rinde 6 raciones.

Bolitas de yuca

1 k	yuca
4	huevos
5	cucharadas de mantequilla
1	cucharadita de polvo para hornear
·	aceite
·	harina de trigo
·	pan molido
·	sal y pimienta, al gusto

❦ Pelar y cortar la yuca en trozos y ponerla a cocer en agua con sal; retirar del fuego y machacarla o pasarla por un prensador de verduras (eliminar las partes fibrosas).

❦ Agregar un huevo, polvo para hornear y mantequilla; sazonar con sal y pimienta y dejar enfriar completamente.

❦ Formar pequeñas bolitas con el puré de la yuca y pasarlas primero por harina, después por huevo batido, pan molido y, nuevamente, por huevo batido.

❦ Freírlas en aceite hasta dorar.

❦ Rinde 9 raciones.

Dulce de naranja agria rellena de cafiruleta de coco

10   naranjas agrias
6   cocos secos
6   yemas de huevo
1 1/2 k azúcar
·   canela
·   pintura vegetal verde
·   vainilla

❦ Quitar la cáscara a las naranjas; hacer un corte redondo donde está el tallo y guardar la cascarilla cortada; sacar con cuidado parte del jugo y las semillas.

❦ Meter las naranjas en un recipiente con agua suficiente (cambiarla dos veces al día y exprimirlas con cuidado hasta que salgan las semillas); retirarlas del agua 48 horas después como máximo.

❦ Pesar las naranjas y poner el mismo tanto de azúcar para preparar una miel donde se cocerán las naranjas; agregar las gotas de pintura vegetal verde.

Relleno de cafiruleta

❦ Extraer la pulpa del coco y eliminar toda la cáscara; licuar y añadir las yemas de huevo, azúcar, vainilla y canela; cocer sin dejar de revolver hasta que quede un atole espeso.

❦ Retirar las naranjas de la miel y rellenarlas con la cafiruleta; colocarles las tapitas.

❦ Agregar más azúcar a la miel sobrante y volver a meter las naranjas hasta que cristalicen.

❦ Rinde 10 raciones.

Toronjas en conserva

3 k   toronjas
2 k   azúcar
1/2 k   cerezas en almíbar

❦ Rallar la cáscara de las toronjas con un cuchillo afilado; eliminar la piel blanca y las semillas; reservar.

❦ Separar la pulpa en gajos, quitar las membranas y añadir el jugo junto con el azúcar a la preparación anterior; calentar a fuego bajo.

❦ Revolver hasta que el azúcar se disuelva (meter en una bolsita de tela la piel blanca y las semillas e introducirlas en la cacerola); cocer durante treinta minutos o hasta que el almíbar espese (retirar la bolsita de tela).

❦ Añadir los gajos de toronja y las cerezas y cocer a fuego lento durante diez minutos (hasta que la fruta quede suspendida en un almíbar espeso pero conservando su forma).

❦ Dejar enfriar completamente antes de llenar los frascos preparados con la conserva; tapar y etiquetar. (Se conserva en buen estado tres meses aproximadamente, con el frasco tapado.)

❦ Rinde 8 raciones.

Pan de Tabasco

350 g	plátanos molidos (de Tabasco)
300 g	harina
125 g	mantequilla
100 g	nuez molida
100 g	pasas molidas
4	huevos
1	lata de leche condensada
2	cucharaditas de polvo para hornear

♥ Batir la mantequilla hasta acremarla; incorporar la leche condensada y los huevos, uno por uno.

♥ Mezclar bien; agregar plátanos, nuez, pasas y la harina cernida con el polvo para hornear, revolver todo con espátula de madera.

♥ En un molde de 24 cm de diámetro, previamente engrasado con mantequilla y enharinado, verter la pasta y meter al horno caliente durante una hora.

♥ Rinde 6 raciones.

Panetela suprema

12	huevos
24	cucharadas de azúcar
420 g	harina
·	una cascarita de limón

♥ Batir las claras a punto de turrón; agregar azúcar poco a poco, las yemas de huevo, la cascarita de limón y, por último, la harina en pequeñas cantidades; revolver suavemente después de cada adición.

♥ Hornear a fuego mediano.

♥ Rinde 8 raciones.

Panetela de leche

1/2	litro de leche
150 g	azúcar
·	canela en rajas
·	panetela suprema

♥ Poner en el fuego leche, azúcar y canela en un molde de aluminio; bajar la flama cuando vaya a hervir.

♥ Con cuidado colocar encima la panetela suprema y meter al horno a temperatura media (la leche no debe hervir porque se despedaza la panetela).

♥ Retirar del horno cuando se cueza el pan.

♥ Rinde 8 raciones.

Torrejas de yuca

4	yucas grandes frescas
6	huevos
1/4 k	mantequilla
·	azúcar y canela molida

- ❦ Pelar las yucas, rallarlas y mezclarlas con los huevos, azúcar, mantequilla y canela; formar las torrejas.
- ❦ Colocar sobre papel engrasado en una bandeja y meter al horno.
- ❦ Revolcar en azúcar fina con canela.
- ❦ Rinde 6 raciones.

Chogoge de plátano macho o cuadrado

5	plátanos machos maduros
2	barritas de margarina
1/4	litro de crema dulce

- ❦ Cocer y pelar los plátanos, machacarlos en una sartén de aluminio; agregar mantequilla y amasar hasta que quede una pasta; freírla.
- ❦ Servir caliente y adornar con la crema.
- ❦ Rinde 6 raciones.

AUTORES DE LAS RECETAS

Maricela Aguilar de Jasso
Irma Alamina de Bolón
Ana María Alamina de Castañeda
Neddy Argaiz de Hazouri
Ma. Del Carmen Arroyo de Soto
Guadalupe de Muchúa de G.
Amada Díaz de Alamina
Belisario Gómez Contreras
Ofelia G. de Rivera
Francisca Herrera C. de Rodríguez
Ma. Del Carmen Landero
Sara Lastra de García Leal
Josefina Lastra de Lastra
Nereyda López de Córdoba
Ma. de Lourdes López de Díaz
Yara Manzur de Muñoz
Ana del Socorro Martínez G.
Ada Martínez González
Silvia Mendoza Jiménez
Esperanza Muñoz de Dios
Arminda Ocampo de Gámez
Consuelo Oscaña de Rodríguez
Ma. del Carmen Parra Peregrino
Teresa Pereira
Ma. del Carmen Pérez Arnica
Sara Priego de Contreras
Luz María Prieto Zurita
Ma. Magdalena Ramón de Avalos
Ruth Ramos V. de Pérez
Noemí Restor Rodríguez
Rosa Rodríguez de Martínez
Alexandra Rodríguez Herrera
Rocío Rodríguez Herrera
Sonia Rodríguez Herrera
Odina del S. Rovirosa de Sevilla
Humberto Sáenz Rivera
Rosa V. Sánchez de la Cruz
Ma. Estrella Solís Ordóñez
Deyanira Suárez Conde
Ma. de Jesús Zavaleta

De Cocina y Algo Más

DE COCINA Y ALGO MÁS

FESTIVIDADES

LUGAR Y FECHA	CELEBRACIÓN	PLATILLOS REGIONALES
VILLAHERMOSA *(Capital del Estado)* *Abril 27 a mayo 4*	**Feria Regional o Feria de Desarrollo** Máximo evento de la región. Corridas de toros, peleas de gallos, desfile de carros y barcos alegóricos.	～ Chanchamitos (tamales) de cerdo y pejelagarto, chirmol de cangrejo, carne salada con chaya, puchero de res, pollo, gallina o pescado, mondongo con ajiaco. ～ Dulce de coco (solo o con leche), budín de maíz tierno, naranja grey cristalizada (toronja), orejas de mico (hecho con una variedad de pequeñas guayabas en miel).
Septiembre	**Jolgorio Choco** Encuentro de gastronomía tabasqueña.	～ Chanchamitos de pejelagarto, quesos tabasqueños, chirmol de res (preparado con plátano verde y mole de semilla de calabaza), pucheros, carne de venado e iguana, pejelagarto tatemado. ～ Chocolate de metate, dulce de coco, naranja grey cristalizada, macal con miel (camote), flan de claras.
Fecha movible	**Martes de Carnaval** Bailes con máscaras, desfiles de carrozas, fuegos artificiales y música.	～ Carne salada con chaya, tostadas de salpicón de venado, pucheros, chirmol de cangrejo, chanchamitos de cerdo envueltos en hoja de plátano, carne de iguana, armadillo en adobo. ～ Dulces de coco, naranja y yuca, orejas de mico.
CÁRDENAS *Septiembre 8*	**La Natividad** Procesiones, danzas y bailes tradicionales, juegos pirotécnicos.	～ Puchero de carne de res (hecho con plátano macho, papa y yuca en salsa de naranja agria), chanchamitos de frijol con hierba momo o de chipilín, chirmol de cangrejo, pejelagarto tatemado. ～ Torta de elote, orjeas de mico, flan de leche, naranja agria con cafiroleta de coco.
COMALCALCO *Mayo 15*	**San Isidro** Procesiones, música y bailes.	～ Pucheros, carne de iguana, pejelagarto tatemado, carne salada con chaya, mojarra fresca y bien frita, piguas (camarón grande), cazón. ～ Chocolate de metate, huevos y canela, naranja grey cristalizada.
PARAÍSO *Febrero 2*	**La Candelaria** Procesiones, danzas, bailes y música.	～ Chanchamitos de chipilín, pejelagarto y cerdo, chirmol de res o de cangrejo, empanadas de minilla, armadillo en adobo, carne de iguana y venado, puchero vaquero (que se prepara con carne salada, calabaza madura y plátanos verdes). ～ Dulces de coco, naranja y yuca, macal con miel.

TEAPA
Mayo 3

La Santa Cruz
Fiesta relacionada con la industria de la construcción, en la cual se bendice una cruz de madera y se ofrece una comida a los obreros.

∼ Tostadas de salpicón de venado, chirmol de res, puchero; chanchamitos de cerdo envueltos en hoja de plátano, mondongo con ajiaco, pescado frito en postas (forma de cortar el pescado), carne salada con chaya, ostiones al tapesto (ahumados en su concha sobre brasas de coco seco).
∼ Dulce de coco, chocolate de metate, orejas de mico.

Nota: Estos platillos suelen acompañarse de arroz blanco con achiote, marquesotes y panetela (panadería tradicional), tortillas tabasqueñas de maíz nuevo llamadas totopostes, ya sean dorados, de coco o de chicharrón y la muy conocida salsa Tabasco.

Las bebidas tradicionales son chocolate, pozol, chorote, chocoavena, atole agrio, pinol o polvillo, agua de chaya, matalí, coco, marañón, naranja, papaya, limón, mango, guayaba, tamarindo y guanábana.

NUTRIMENTOS Y CALORÍAS

REQUERIMIENTOS DIARIOS DE NUTRIMENTOS (NIÑOS Y JÓVENES)

Nutrimento	Menor de 1 año	1-3 años	3-6 años	6-9 años	9-12 años	12-15 años	15-18 años
Proteínas	2.5 g/k	35 g	55 g	65 g	75 g	75 g	85 g
Grasas	3-4 g/k	34 g	53 g	68 g	80 g	95 g	100 g
Carbohidratos	12-14 g/k	125 g	175 g	225 g	350 g	350 g	450 g
Agua	125-150 ml/k	125 ml/k	125 ml/k	100 ml/k	2-3 litros	2-3 litros	2-3 litros
Calcio	800 mg	1 g	1 g	1 g	1 g	1 g	1 g
Hierro	10-15 mg	15 mg	10 mg	12 mg	15 mg	15 mg	12 mg
Fósforo	1.5 g	1.0 g	1.0 g	1.0 g	1.0 g	1.0 g	0.75 g
Yodo	0.002 mg/k	0.002 mg/k	0.002 mg/k	0.002 mg/k	0.02 mg/k	0.1 mg	0.1 mg
Vitamina A	1500 UI	2000 UI	2500 UI	3500 UI	4500 UI	5000 UI	6000 UI
Vitamina B-1	0.4 mg	0.6 mg	0-8 mg	1.0 mg	1.5 mg	1.5 mg	1.5 mg
Vitamina B-2	0.6 mg	0.9 mg	1.4 mg	1.5 mg	1.8 mg	1.8 mg	1.8 mg
Vitamina C	30 mg	40 mg	50 mg	60 mg	70 mg	80 mg	75 mg
Vitamina D	480 UI	400 UI	400 UI	400 UI	400 UI	400 UI	400 UI

REQUERIMIENTOS DIARIOS DE NUTRIMENTOS (ADULTOS)

Proteínas	1	g/k
Grasas	100	g
Carbohidratos	500	g
Agua	2	litros
Calcio	1	g
Hierro	12	mg
Fósforo	0.75	mg
Yodo	0.1	mg
Vitamina A	6000	UI
Vitamina B-1	1.5	mg
Vitamina B-2	1.8	mg
Vitamina C	75	mg
Vitamina D	400	UI

REQUERIMIENTOS DIARIOS DE CALORÍAS (NIÑOS Y ADULTOS)

		Calorías diarias
Niños	12-14 años	2800 a 3000
	10-12 años	2300 a 2800
	8-10 años	2000 a 2300
	6-8 años	1700 a 2000
	3-6 años	1400 a 1700
	2-3 años	1100 a 1400
	1-2 años	900 a 1100
Adolescentes	Mujer de 14-18 años	2800 a 3000
	Hombres de 14-18 años	3000 a 3400
Mujeres	Trabajo activo	2800 a 3000
	Trabajo doméstico	2600 a 3000
Hombres	Trabajo pesado	3500 a 4500
	Trabajo moderado	3000 a 3500
	Trabajo liviano	2600 a 3000

EQUIVALENCIAS

EQUIVALENCIAS EN MEDIDAS

1	taza de azúcar granulada	250	g
1	taza de azúcar pulverizada	170	g
1	taza de manteca o mantequilla	180	g
1	taza de harina o maizena	120	g
1	taza de pasas o dátiles	150	g
1	taza de nueces	115	g
1	taza de claras	9	claras
1	taza de yemas	14	yemas
1	taza	240	ml

EQUIVALENCIAS EN CUCHARADAS SOPERAS

4	cucharadas de mantequilla sólida	56	g
2	cucharadas de azúcar granulada	25	g
4	cucharadas de harina	30	g
4	cucharadas de café molido	28	g
10	cucharadas de azúcar granulada	125	g
8	cucharadas de azúcar pulverizada	85	g

EQUIVALENCIAS EN MEDIDAS ANTIGUAS

1	cuartillo	2	tazas
1	doble	2	litros
1	onza	28	g
1	libra americana	454	g
1	libra española	460	g
1	pilón	cantidad que se toma con cuatro dedos	

TEMPERATURA DE HORNO EN GRADOS CENTÍGRADOS

Tipo de calor	Grados	Cocimiento
Muy suave	110°	merengues
Suave	170°	pasteles grandes
Moderado	210°	soufflé, galletas
Fuerte	230°-250°	tartaletas, pastelitos
Muy fuerte	250°-300°	hojaldre

TEMPERATURA DE HORNO EN GRADOS FAHRENHEIT

Suave	350°
Moderado	400°
Fuerte	475°
Muy fuerte	550°

Glosario

Amashito. Chile chilpaya

Cueza. Raíz de chayote; en otras partes se le llama **chinchayote** o **chayotestle**.

Chacha. Molleja de ave.

Chanchamito. Tamal en forma de bola.

Chaya (hoja de). Planta euforbiácea, de hojas ásperas y picosas, que se comen como legumbre.

Chigua. Tipo de calabaza cuya pepita se usa para el pipián local.

Chiquiguao. Quelonio de carapacho con tres salientes, de largo pescuezo que lo diferencia del guao. Llámase también tortuga lagarto.

Chipilín (hoja de). Planta leguminosa herbácea y aromática del sureste mexicano.

Chorote. Pozol al que se agrega cacao tostado y molido.

Guao. Quelonio de los pantanos y ciénagas, del mismo género del pochitoque.

Hicotea. Quelonio de testa manchada de negro, menor que la tortuga común, propio de las aguas palustres.

Jucón. Plátano macho.

Macabel o macabil. Pez de los mares antillanos y también de los ríos de la zona tropical.

Macal. Familia del camote; tubérculo blanco (debe distinguirse del quequeste, pues el tubérculo de esta planta congénere es venenoso).

Maneas. Tipo de tamal.

Momo. Hierbasanta; planta piperácea de la zona cálida intertropical.

Mone. Tamal de pescado envuelto en hojas de momo.

Ñame. Planta herbácea de procedencia africana, con numerosas variedades.

Orejas de mico. Dulce de guayaba u otras frutas en almíbar.

Pejelagarto. Pez de agua dulce, común en ríos, lagunas y lugares costaneros. De color verdoso y hocico sumamente alargado, sus escamas forman una especie de gruesa concha que lo cubre.

Pigua. Langosta de mar o de río, crustáceo del grupo de los decápodos; también llamado acamaya o camaya.

Pochitoque. Quelonio de carapacho abultado, de menores dimensiones que la tortuga y el guao.

Pozol. Bebida de maíz cocido y molido, batido en agua.

Roatán. Plátano Tabasco.

Tepezcuintle. Mamífero roedor comestible.

Tiz. Rabadilla de las aves.

Tó (hoja de). Planta cuyas hojas sirven para envolver y para construir techos rústicos.

Topota o topote. Pececillo común en arroyos y lagunas, de cuerpo gordo y corto.

Totoposte o totopoxtle. Tortilla dorada, totopo local.

Uliche. Guiso de masa, especie de mojo aderezado con perejil, que se prepara con carne de guajolote.

Esta obra fue impresa en el mes de junio de 2001
en los talleres de Litográfica Ingramex, S.A. de C.V.,
que se localizan en la calle de Centeno 162,
colonia Granjas Esmeralda, en la ciudad de México, D.F.
La encuadernación de los ejemplares se hizo
en los talleres de Dinámica de Acabado Editorial, S.A. de C.V.,
que se localizan en la calle de Centeno 4-B,
colonia Granjas Esmeralda, en la ciudad de México, D.F.